了不起的国家宝藏

神秘的怪兽

有鱼童书 著/绘

化学工业出版社
·北京·

图书在版编目（CIP）数据

了不起的国家宝藏. 神秘的怪兽 / 有鱼童书著、绘. —北京：化学工业出版社，2023.5
ISBN 978-7-122-43184-4

Ⅰ.①了⋯ Ⅱ.①有⋯ Ⅲ.①文物-考古-中国-儿童读物 ②十二生肖-文化史-中国-儿童读物 Ⅳ.① K87-49 ② K892.21-49

中国国家版本馆CIP数据核字（2023）第054644号

责任编辑：张　曼
责任校对：宋　夏
书籍设计：尹琳琳

出版发行：化学工业出版社
　　　　　（北京市东城区青年湖南街13号 邮政编码100011）
印　　装：天津图文方嘉印刷有限公司
787mm×1092mm　1/16　印张5　字数100千字
2023年9月北京第1版第1次印刷

购书咨询：010-64518888
售后服务：010-64518899
网　　址：http://www.cip.com.cn
凡购买本书，如有缺损质量问题，本社销售中心负责调换。

定　价：40.00元　　　　　版权所有　违者必究

序言

亲爱的小朋友，当你打开这本书的时候，你将走进一个国宝和古代神话传说相连接的奇特世界。在这里，一件件器物上刻印着怪兽的身影，文字里书写着神兽的故事。

中华民族的历史源远流长，先民们在中华大地上筚路蓝缕、栉风沐雨，伴随着他们的不但有辉煌的物质发明，还有灿烂的传统文化。古代的神话故事作为文化符号，像一条时间之河，历经千万年沧桑变迁流淌到今天。古人把这些故事留在了器物上，当我们观赏这些器物的时候，会发现它们的肚子里有无数有趣的问题：

为什么彩陶盆上的人嘴两边有两条大鱼？鱼是他们崇拜的神灵吗？人鱼合体之后是神还是人呢？

猪为什么住进了原始人的家里？狗、马、牛、羊、鸡从什么时候变成了人类的朋友？

十二生肖是怎么来的？

为什么古人用的小鸟器物长着三只脚？它是用来做什么的？

猫头鹰在古人眼里到底是勇敢的战神还是邪恶的鸟？

一个陶鹰鼎是如何从"鸡食盆"变身"申奥大使"的？

高高的陶缸上为什么记录了一场鸟鱼大战？

巨大的青铜方尊四角为什么有四只卷角羊？它们想告诉我们怎样的秘密？

晋侯鸟尊上的鸟尾巴为什么成了大象鼻子？

一匹小马也会有"成年礼"吗？

神奇的龙最早出现在何时？它为什么成了皇帝的象征？

故宫宫殿屋脊上为什么站着一排小怪兽？

……

如果你也对这些问题感到好奇，就打开这本书，一起走进这个神奇世界探秘吧！

神秘的人面鱼纹有什么寓意？ /1

神奇的"六畜"和人类有着怎样的亲密关系？ /5

这只三只脚的小鸟是干什么的？ /12

猫头鹰是邪恶的鸟吗？ /16

一个陶鹰鼎是如何从"鸡食盆"变身"申奥大使"的？ /20

陶缸上为什么有鸟鱼大战图？ /24

这个大方尊上为什么有四只羊？ /27

鸟尊为什么长了个象鼻子？ /31

目录

大象在古代为什么受欢迎？ /35

小马也有成年礼？ /39

鹿形文物上竟有一对真鹿角？ /43

十二生肖始于何时？ /46

凤首龙柄壶究竟是哪个国家的？ /52

古人为什么喜欢仙鹤？ /56

中国最早的龙长什么样？ /60

龙为什么成了皇帝的代言人？ /63

故宫宫殿屋脊上为什么站着一排小怪兽？ /67

后记 /72

了不起的
国家宝藏

神秘的怪兽

神秘的人面鱼纹有什么寓意？

20世纪50年代初，西安灞桥火电厂在修铁路时，推土机竟然推出了彩陶，惊动了考古工作者，随后又采集到骨笄（jī）、小陶罐等，由此引出了震惊世界的考古发现——一处6000多年前的黄河流域母系氏族聚落遗址。这座遗址被命名为半坡遗址，之后陆续出土了大量的文物，尤其是数量众多的漂亮的彩陶十分引人注目。

这些彩陶表面绘有艳丽的纹饰，其中有绳纹、线纹、指甲纹、弦纹，也有人的面孔、鱼纹以及鹿、蛙、植物的形象，还有一些由三角形、圆点组成的几何图案。在这些纹饰当中，鱼纹特别丰富。考古学家先后在半坡遗址、姜寨遗址发现了人面鱼纹彩陶盆。这种神秘纹饰画在陶盆的内壁，人面大多双眼紧闭，脸两侧分别有一条鱼，鱼头碰在一起，变成了人的嘴巴，人的两只耳朵上也各有一条小鱼，好像在亲吻人的脸颊，十分有趣。

这些造型奇异的人面鱼纹有着怎样的含义呢？

半坡遗址有着茂密的森林植被，还有水草丰富的沼泽，适合鱼类和各种动物生存。半坡遗址出土了大量的渔具，如骨制的鱼钩、鱼叉等，说明当时的渔业比较发达，鱼在半坡人的生活中随处可见，是半坡人的食物来源之一。人面鱼纹彩陶盆中绘制的人面、鱼及渔网可以被看作是当时半坡人生活的写照。

人面鱼纹彩陶盆

国宝档案

年代：新石器时代·仰韶文化（距今约 7000—5000 年）
材质：陶
尺寸数据：高 16.5 厘米，口径 39.8 厘米
发现地：陕西西安半坡遗址
收藏地：中国国家博物馆

在原始社会，不同地域有各种各样的动物崇拜，产生了各种各样的动物图腾。在远古传说中，鱼是沟通天地和生死的使者，既可以入水，也可以在天上遨游，有能让人复生的神奇功能。这个人鱼合体的纹饰，很可能代表着鱼神，是半坡人崇拜的图腾。也有专家认为，这个纹饰象征着鱼神附在巫师身上，在举行宗教仪式。随着考古学家研究的深入，我们也许会听到更多有趣的说法吧。

但可以确定的是，从古到今，鱼一直都有祥瑞的寓意，孔子就给自己唯一的儿子取名为"鲤"，字伯鱼。在汉字当中，"鱼"又和"余"谐音，每逢春节来临，大家会相互祝福"年年有鱼（余）"，企盼新的一年丰收富裕。你看，鱼作为一种文化符号，已经流传了几千年，至今还留存于我们的生活里。

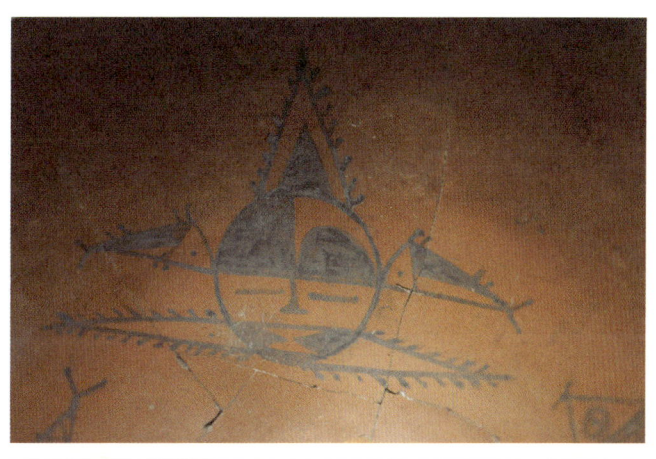

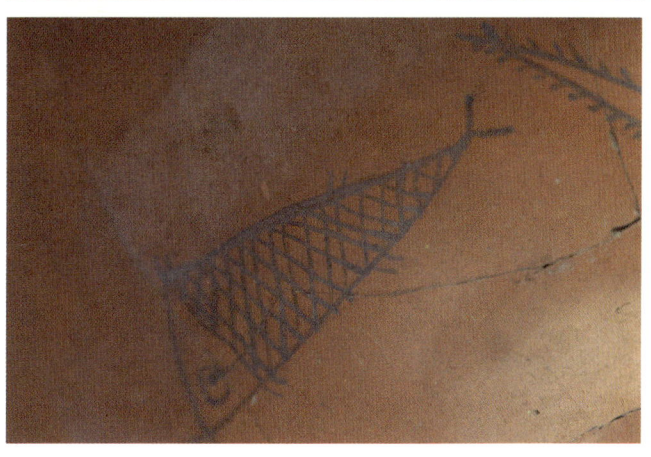

陶器

陶器是指以泥土为原料，经成型、干燥、焙烧制成的器皿，主要作为生活用具，是新石器时代的主要标志之一。早期先民多采用手制和模制的方法制陶。古代有"神农耕而作陶"的记载，表明原始农业的发展促进了原始手工业的产生。

彩陶

彩陶是中国史前极为绚丽多彩的艺术品。新石器时代是中国史前彩陶的繁荣时期，也有学者称其为"彩陶时代"。这个时代最著名的仰韶文化大体可分为半坡期、庙底沟期、西王村期三个发展阶段。西安半坡遗址的彩陶以黑彩为主，有鱼纹、人面纹等。河南庙底沟遗址的彩陶除了黑彩之外，还出现了红彩、白衣彩陶等。山西西王村遗址的彩陶以红彩为主。

延伸阅读

《山海经》里的鱼神话

《山海经·大荒西经》中记载了这么一个神奇的故事：远古时期有一条奇怪的鱼，身体一半干枯，名叫鱼妇。据说，鱼妇是颛（zhuān）顼（xū）大帝死后复生的化身。颛顼死后，大风从北方吹来，泉水被风从地下吹了出来，在此时有条蛇化身为鱼，死去的颛顼随即附着在鱼身上，得以重生。这条鱼就是鱼妇。有人说，古代神话中鱼有重生的能力，半坡人把人和鱼画在一起，就是在祈愿死后可以像鱼一样重获新生。

神奇的"六畜"和人类有着怎样的亲密关系?

在中国古老的甲骨文里,代表猪的"豕"字看起来就像一头大肥猪,"豕"和代表房屋的"宀"组成了"家"字。咦?在我们人类的家里,为什么住进了一头大肥猪呢?

这就要从远古时期说起了。在原始人还是全职猎人的旧石器时代,人类依靠渔猎采集为生,过着饥一顿饱一顿的日子。后来,人类学会了种庄稼,还把捕获的野兽带回家驯养,慢慢有了稳定的食物来源。从此,人们开始在固定的地方生活。

在远古时代的先民心里,万物有灵。凶猛的野猪象征着威仪、权力、刚烈,成为人们崇拜的图腾;而驯化后的家猪则成了富足和安稳的象征。对古人来说,猪的到来,让房子成了安居的家园。

除了猪,新石器时代早期的先民还驯化了狗、羊、牛、鸡、马。这六种动物是中国人最常见、最重要的驯养动物,被称为"六畜"。《三字经》中说:"马牛羊,鸡犬豕。此六畜,人所饲。""五谷丰登,六畜兴旺",一直都是人们描绘生活富足的谚语。可以说,猪、狗、马、牛、羊、鸡都是人类古老的动物朋友。牛帮人耕田,马帮人驮运货物,羊用于祭祀,鸡晨起打鸣报晓,狗守护家园,而猪肉可以用来宴请宾客。可以说,六畜是古人日常生活的重要保障。

今天，我们在博物馆里可以看到很多用陶、玉石、青铜制作的六畜器物，可见，它们和人类生活联系得有多紧密。这些有趣的文物，穿越千年时光，向我们讲述着动物和人类的历史故事。

猪

猪作为远古先民的图腾崇拜，各种出土文物中都可以看到它们的身影。比如，内蒙古红山文化遗存中发现的玉猪龙，兴隆洼遗址出土的石猪龙，赵宝沟文化遗址出土的雕刻有猪龙、飞鹿、神鸟三种灵物花纹的磨光陶尊。

人类进入农耕文明后，开始对野猪进行驯化，猪逐渐成为供食用的家畜和祭祀用的供品。根据广西桂林甑（zèng）皮岩遗址下层的猪骨材料，可将我国饲养家猪的历史追溯到九千年以上。何家湾遗址、大溪文化遗址、河姆渡遗址等也出土了大量形态各异的与猪有关的文物，有的是陶器、石器、玉器，有的是图案，说明当时人们已普遍开始驯养猪了。猪也成了十二生肖里的"亥"，被称为"亥日人君"。

国宝档案

陶猪

年代：新石器时代·河姆渡文化（距今约7000—5000年）
材质：陶
尺寸数据：长6.7厘米，高4.2厘米
发现地：浙江余姚河姆渡
收藏地：中国国家博物馆

河姆渡文化猪纹陶钵

年代：新石器时代·河姆渡文化（距今约7000—5000年）
材质：陶
尺寸数据：高11.7厘米，口径21.7×17.5厘米，底径17×13.5厘米
发现地：浙江余姚河姆渡
收藏地：浙江省博物馆

狗

在中国传统文化中，狗被视为忠诚勇敢的代表，是原始人狩猎和生活的好帮手，有的原始部族甚至以狗作为图腾。在仰韶文化、龙山文化、河姆渡文化、良渚文化等史前文化遗址中，均发现了大量的家犬遗骸，也发现了不少狗造型的陶器。

古代祭祀时，狗也是祭品之一，用来祭祀的狗被称为"献"。周朝《周礼·秋官·犬人》中记载的"犬人"之职有二十多人。汉朝时国家设有"狗监"官职，专门管理皇帝的猎犬。民间传说狗有"八德"，分别是"忠、义、勇、猛、勤、善、美、劳"，其中以忠诚最为人们称道。

国宝档案

狗形鬶（guī）

年代：新石器时代·大汶口文化（距今约6200—4600年）
材质：陶
尺寸数据：长26厘米，高21.5厘米
发现地：山东胶州市三里河遗址出土
收藏地：中国国家博物馆

成语小课堂

鸡鸣狗吠

鸡鸣狗吠的意思是，鸡鸣狗叫的声音都听得到，形容聚居在一个地方的人口比较密集，百姓安居乐业。

马

马能负重、善奔驰，是重要的农事和战争资源，历来备受君主重视。马蹄的声音始终伴随着封建王朝的更替，在典籍中留下很多故事，如秦穆公命九方皋相马，汉武帝为获取汗血宝马不惜发动战争等。传说周穆王有"八骏"，秦始皇有"七骏"，汉文帝有"九逸"，唐太宗有"十骥"，它们都是闻名天下的骏马。

周朝对天子和诸侯的马厩数量有严格的规定，并设有"趣马"官职，掌管王室的马匹。《新唐书》中第一次出现"兵志"，而"马政"是其中的重要内容。"马政文化"是中国历史上非常有特色的，内容包括国家对马的牧养、训练、管理、使用等，这种特殊"待遇"可是其他动物享受不到的。

传统文化中，一般将马列为"六畜"之首，古人也常常将人比喻成马，如曹操说自己是"老骥伏枥"，意思是虽然年老，但仍有雄心壮志。

国宝档案

玉马

年代：商（公元前1600—前1046年）
材质：玉
尺寸数据：长6.3厘米，高2.9厘米，厚0.3厘米
发现地：河南安阳殷墟妇好墓
收藏地：中国国家博物馆

成语小课堂

马到成功

在古代，马不仅是交通工具，还是非常重要的战争装备。马到成功的意思是，打仗时，战马一到就获得了胜利，形容事情顺利，刚开始就取得成功。

牛

我国是最早驯养家牛的国家之一，在原始社会，水牛和黄牛分布于南北方，在农耕文明中发挥着重要作用。原始部落有很多以牛为图腾的崇拜，神话传说中神农氏的形象就是牛头人身，而蚩尤则有着人的身体，头上长角，脚为牛蹄。

牛是古代最高级的祭品，是祭祀时所用的"三牲"之首。《礼记·王制》记载，天子祭祀用牛、羊、猪，称"太牢"，诸侯祭祀是不允许用牛作为祭品的。《周礼·地官》中也有关于"牛人"官职的记载。牛在古代被视为"耕农之本"，代表着古代农业生产力的发展，在春秋时期就已普遍使用牛耕。从西周开始，国家就对耕牛实行保护政策，直到明清时期依然有着严格规定。按照国家规定，人们不能私自宰杀耕牛，如果违反法律规定，轻则罚钱，重则流放甚至处死。

在中国数千年的文明发展史中，牛因为其无私奉献、默默耕耘而备受人们的喜爱。传说中，老子就是骑着一头青牛出函谷关，后来得道成仙的。在传统文化中，牛的形象往往是勤劳善良、忠厚老实、力量强大、吉祥健康的象征。

国宝档案

牛尊

年代：西周（公元前1046—前771年）
材质：青铜
尺寸数据：通高24厘米，长38厘米，腹深10.7厘米
发现地：陕西岐山贺家村
收藏地：陕西历史博物馆

汗牛充栋

汗牛充栋的意思是用牛运送书籍，牛累得出汗；用屋子放书，要堆满整个屋子。形容藏书非常多。

成语小课堂

羊

羊被先民驯化后，大约在商朝开始大规模饲养。古人认为羊性格温顺、善良。《毛诗正义》中说："化文王之政……德如羔羊也。"因为羊象征着善良知礼，外柔内刚，在青铜器中，经常可以看到羊的造型，可见人们对羊的喜爱。

特别是，古人认为"羊有跪乳之恩"，意思是羊是跪着喝奶的，所以被古人视为孝顺的象征，经常用来教导孩子要孝顺父母，懂得感恩。《说文解字》中说："羊，祥也。"羊往往也代表着吉祥。羊还是古人重要的肉食来源之一，鱼和羊组成了"鲜"，说明了人们对羊的偏爱。

国宝档案

三羊尊

年代：商晚期（公元前13世纪左右）
材质：青铜
尺寸数据：高52厘米，口径41.2厘米
发现地：不详
收藏地：故宫博物院

成语小课堂

羊入虎群

羊在中国古人的眼中，多是腼腆温顺的正面形象。羊入虎群比喻好人落入坏人的手中，处境非常危险。

鸡

鸡是人类饲养最普遍的家禽，周朝设有"鸡人"官职，专门掌管祭祀和报晓工作。鸡的饲养在春秋战国到秦汉时期得到快速发展。唐宋以后，鸡逐渐成为主要的家禽，是我国古代畜牧业的重要部分。

西汉韩婴所作的《韩诗外传》中，将鸡奉为"五德之禽"，认为鸡具备"文、武、勇、仁、信"五种德行。鸡守时守信，公鸡报晓，意味着新的一天来到，人们便起床劳动了。"闻鸡起舞"的典故，说的是东晋将领祖逖（tì）年轻时很有抱负，为了成为栋梁，他凌晨一听到鸡鸣就叫醒同住的好友刘琨，一起起床练剑的故事。

国宝档案

彩釉陶鸡笼

年代：东汉（公元 25—220 年）
材质：陶
尺寸数据：高 15 厘米
发现地：湖南长沙
收藏地：中国国家博物馆

成语小课堂

闻鸡起舞

西晋末期，社会动荡，年轻人祖逖和他的好友刘琨，立志复兴晋国。每当凌晨听到鸡鸣，两人就立即起床舞剑，练习武艺。后来，两个人都成了东晋的名将。这就是成语"闻鸡起舞"的由来。闻鸡起舞的意思是，听到鸡叫就起来舞剑，比喻奋发向上。

这只三只脚的小鸟是干什么的？

中国国家博物馆收藏着一件白陶鬶，它来自山东大汶口文化遗址，像一只引吭高歌的小鸟。一般的小鸟有两只脚，但这只小鸟却有三只"脚"，看起来憨态可掬，十分可爱。那么，你知道这只可爱的小鸟是用来干什么的吗？

原来，陶鬶是远古时期人们用来烧水或温酒的容器，是龙山文化的代表器物。专家们认为，这件白陶鬶形制复杂，色泽优美，应该不是日常生活用品，而是当时的礼器，一般出现在比较重要的场合。那么，什么是礼器呢？礼器是中国古代贵族在举行祭祀、宴会、征伐及丧葬等礼仪活动中使用的器物，用来表明使用者的身份、等级与权力。

新石器时代，古人用黏土或陶土捏成各种器物，烧制出陶器。这些陶器受土壤质量的影响很大，比如大汶口遗址出土的大多是红陶、褐陶、黑陶等。

白陶是当时的一项了不起的发明。它之所以珍贵，并非因为白净好看，而是因为它使用的原料是后来用来制作瓷器的高岭土。白陶的烧制温度比普通陶器要高得多。再继续烧，就有可能烧成瓷器了。这件白陶鬶，便是使用高岭土经1200℃左右的高温烧制而成的，胎壁很薄，但质地非常坚硬，表明当时的制陶技术已取得巨大进步，为瓷器的出现奠定了基础。

国宝档案

白陶鬶

年代：新石器时代·大汶口文化（距今约6200—4600年）
材质：陶
尺寸数据：高14.8厘米
发现地：山东泰安大汶口
收藏地：中国国家博物馆

神秘的怪兽

那么,当时生活在那里的人们为什么这么喜欢小鸟,连生活用品和礼器都做成小鸟的样子呢?

原来,在中国古代,中原以东,即现在的山东、江苏一带的部族被称为东夷,这是一个崇拜鸟儿的族群,他们以鸟为图腾,将对鸟的想象延伸到生活的方方面面。

在上古传说中,有个东夷的部族首领名叫少昊,他继位时飞来了一只凤鸟,于是他就从鸟开始记事,各部门长官都用鸟来命名。如凤鸟氏掌管天文历法,祝鸠氏为司徒,雎鸠(jū jiū)氏为司马,鸤鸠(shī jiū)氏为司空。当时风靡一时的陶鬶,更是由鸟儿形象演化而来的。这种鬶不但出现在东夷,周边的部族也争相模仿,在大汶口文化以外地区,如浙江、湖北甚至江西都出土了类似于鬶的器物。鬶的姿态各异,有的展翅欲飞,有的引吭高歌,有的沉稳持重,以艺术的手法,将理想中鸟儿的形象表现得完美而雅致。而白陶鬶,更是将鸟头表现得活灵活现,象征着大汶口先民昂扬向上的精神。

文博小课堂

大汶口文化

大汶口文化是黄河下游地区新石器时代中晚期文化的代表,1959年首次发现于山东宁阳堡头村,主要分布于山东西南和江苏北部,生产工具以磨制石器为主,陶器早期以红陶为主,晚期灰黑陶比例上升,还有白陶和少量彩陶。

> **延伸阅读**

原始人为什么崇拜动物？

原始社会的人们在大自然中艰辛地生活，他们非常佩服那些强大的动物，比如飞翔的鸟儿、善跑的马、凶猛的老虎等，所以往往会崇拜某种动物，并希望以此获得保护，甚至获得它们的力量和技能。他们把动物的形象作为部落的标志，这就是"图腾"。

在原始人的眼里，图腾是被人格化的崇拜对象。因为不同时期、不同地区的原始人所处的环境不同，所崇拜的图腾也有很大差别，即使是在环境相似的黄河流域以北，鱼、蛙、鹿、鸟、蜥蜴等，都曾成为不同氏族所崇拜的图腾。图腾成为某个氏族最古老的祖先的象征物，运用图腾解释神话、典籍记载及民俗民风，是人类历史上早期的一种文化现象。

新石器时代的猪形鬶

猫头鹰是邪恶的鸟吗?

1976年,考古学家在河南省安阳市发现了妇好墓。这是一座殷墟考古发掘以来唯一保存完整的商朝王室成员墓葬,出土了大量的商朝文物。其中有一对青铜器看起来特别可爱,像一对"愤怒的小鸟",它们的名字叫"鸮(xiāo)尊",是目前发现的最早的鸟形铜尊。

"鸮"是什么呢?原来,它是古人对猫头鹰的称呼。猫头鹰喜欢夜间出行,因其长相特点常常被当成凶鸟。那为什么它们会出现在妇好的墓葬里呢?

关于鸮是凶鸟的记载,最早出现在西周时期,而在此之前的商朝,鸮不但不是凶鸟,还是代表勇士的形象。商朝人认为,鸮昼伏夜出、身姿矫健又非常警惕,代表勇敢和胜利,因而他们将其作为"神禽"和"战神"来崇拜。所以,商朝人喜欢把青铜器制作成鸮的样子。在殷墟贵族的墓葬中,往往会发现青铜鸮尊或鸮形玉器,这是地位和权力的象征。

那么,象征着勇士的鸮尊为什么会出现在妇好这个女人的墓葬中呢?原来,妇好不但是商王武丁的王后,还是一位能征善战的女将军呢!她带领军队北伐土方、东征夷方、西南威慑巴方,还成功抵御了入侵,是名副其实的"中华第一女将军"。所以,她的墓葬里出现精美的鸮尊就

"妇好"青铜鸮尊

国宝档案

年代：商后期（约公元前14—前11世纪）

材质：青铜

尺寸数据：高 45.9 厘米，口长径 16.4 厘米，足高 13.2 厘米，盖高 13.2 厘米

发现地：河南安阳殷墟妇好墓

收藏地：中国国家博物馆

不足为奇啦。"妇好"青铜鸮尊有两个，分别收藏于中国国家博物馆和河南博物院，形制、纹饰、铭文基本相近。中国国家博物馆收藏的鸮尊由器盖与器身两部分组成，器身饰云雷纹，器盖饰饕餮纹，双足与尾部形成三个支撑点，造型生动传神。

"妇好"青铜鸮尊细节

在古代，鸟类造型的青铜器并不多，但大都非常精美。这类青铜器在殷商时期多为鸮鸟造型；西周和东周时期，出现最多的是鹤和凤；秦汉时期，雁更为常见。这些不同的鸟的形象代表了不同时期的文化特点，反映了当时人们的审美和寄托的美好寓意，古人以其精湛的技艺将青铜器变成了精美的艺术品，历经数千年，依旧光彩夺目，是珍贵的传世瑰宝。

西周时期的青铜猪尊

文博小课堂

铜尊

铜尊最早见于商朝，有圆尊、方尊和异形鸟兽尊等。鸟兽尊造型有羊尊、牛尊、鸮尊、象尊、豕尊（猪尊）等。

延伸阅读

"中华第一女将军"

1936年，考古学家在殷墟进行第十三次发掘时，在YH127坑意外发现了大量的甲骨，经过辛苦工作，他们完整挖出了数吨"土地档案"，这是殷墟甲骨文规模最大的一次发现，一共获得了17000多片龟甲。

这些甲骨文记载了商朝的大量活动，其中有一个名字出现了很多次，引起了考古学家的注意，这个名字叫"妇好"。其中有记录战争的，比如"登妇好三千，登旅万，呼伐羌"，记录了妇好带领上万名士兵攻打羌国；也有占卜询问的，如："妇好其来？妇好不其来？"（妇好回来了吗？妇好应该回来了吧？）"贞，妇好，其死？"（神明啊，我的妇好真的死了吗？）经专家考证，妇好就是商王武丁的王后。

商王武丁是商朝的君主，在他的治理下，国力强盛，史称"武丁中兴"。妇好不但是武丁钟爱的妻子，也是武丁时期重要的祭司和军事将领，为商朝开疆拓土、征战四方，立下赫赫功勋。对土方、巴方、夷方等的大战中都有她的身影。在对巴方的战争中，妇好率领军队埋伏在敌军后方，等商王武丁打败敌人并将其逼近埋伏圈后，一举歼灭敌人，这是我国战争史上最早有记载的伏击战。

一个陶鹰鼎是如何从"鸡食盆"变身"申奥大使"的?

中国国家博物馆里有一只萌萌的胖鹰,它有一身健壮优美的肌肉,瞪着两只大大的眼睛,两条胖胖的腿和垂到地面的尾巴支撑起自己壮实的身体,一对翅膀背在后面,好像是背着手散步的上古老者,沉稳老练。这只胖鹰其实是一个陶鹰鼎。

这只陶鹰鼎出土于1957年,是陕西华县太平庄农民殷思义在干农活时无意中发现的。当时,殷思义可不知道自己挖到了一件国宝,不过,他觉得这个灰突突的陶罐看起还不错,便带回家当起了鸡食盆,每天有一群小鸡围着陶罐吃食,很是热闹。

第二年秋天,北京大学考古队为配合黄河水库工程来华县进行考古调查,殷思义主动拿出了这个陶罐,这让考古队员们大喜过望。经研究发现,这个陶罐已经有6000多岁了,属于新石器时代仰韶文化的陶器,而且是极其罕见的鸟类造型,开启了商朝鸟兽形青铜器造型的先河。

1959年,北京建起一座中国历史博物馆(中国国家博物馆的前身),全国很多文物都被送到这里展览,陶鹰鼎也来到了这里,并在这里住了下来,向人们诉说着远古的故事。

陶鹰鼎

国宝档案

年代：新石器时代·仰韶文化（距今约 7000—5000 年）
材质：陶
尺寸数据：高 35.8 厘米，口径 23.3 厘米
发现地：陕西华县太平庄
收藏地：中国国家博物馆

1993年，中国第一次申办奥运会。当时的国际奥委会主席萨马兰奇看了陶鹰鼎啧啧称奇，认为它是中国悠久历史和灿烂文化的代表。于是，陶鹰鼎和另外8件文物一起，作为"申奥大使"来到瑞士洛桑新落成的奥林匹克博物馆新馆，为中国申奥擂鼓助威。大家都称赞它，既有时代的审美，也有新石器时期的古朴，是一件不可多得的雕塑艺术珍品。

陶鹰鼎为什么这么珍贵呢？

陶鹰鼎是新石器时代仰韶文化的文物，在新石器时代陶器中是目前发现的唯一鹰形陶器，是中国早期雕塑艺术品中鸟兽形器的代表，因此特别珍贵。它是原始艺术与实用功能完美结合的典范，威风凛凛，桀骜威猛。看来，早在六七千年前，先民们就已经掌握了选用陶土塑坯造型、控制烧制火候等一系列的技术，以及绘画、贴塑等装饰工艺啦。

鼎是做什么用的？

鼎最初的意思，是煮饭的锅，而且是陶锅。陶鹰鼎出土后，考古学家普遍认为它是贵族使用的精美的煮饭锅。"双腿＋尾巴"三足鼎立的格局，不仅是为了让它站立稳固，还方便在下面加柴烧火做饭。

后来，鼎慢慢有了象征意义。传说大禹治水之后，用各地进献的金属铸造了九个鼎，象征九州，并将九鼎放置在夏朝的都城，从此"九州"就成为中国的代名词。后来，制作鼎的材料，也从相对粗糙的陶变成了昂贵的青铜，体积越来越大，于是鼎从煮饭的锅，变成了象征权力和威严的国之重器。

陶鹰鼎正面

延伸阅读

深受人们喜爱的鹰

鹰是鸟中之王，它们搏击长空，迅猛威风，一直为人所敬畏。新石器时代，原始社会的氏族公社已经开始分化，少数人成为部落首领或贵族，他们的生活要比普通的部落成员奢侈很多。考古学家在陶鹰鼎的发现地发现了大批动物骨骼，有苍鹰，有雕，这些骨骼证明当时这种猛禽的数量很多。很有可能，当地的氏族首领或贵族，崇拜鹰超强的捕猎能力，便以鹰的造型来打造自己的物品，考古学家就把这种现象叫作"鹰崇拜"，至今仍有民族把鹰奉为神明。在中国数千年的历史中，皇室贵族都喜欢放鹰狩猎活动，唐朝和辽金时期的皇宫里，还设有鹰坊等机构，专门供皇帝狩猎使用。

神秘的怪兽

陶缸上为什么有鸟鱼大战图？

中国国家博物馆收藏着一个差不多半米高的鹳（guàn）鱼石斧图彩绘陶缸，它的外表有漂亮的彩绘图案，画面的左侧是一只站立的白鹳鸟，它的眼睛特别大，嘴里叼着一条鱼，画面右侧竖着一把大斧子，斧柄上缠绕着编织物，还刻有神秘符号。这是到目前为止发现的我国原始社会最大的一幅彩陶画，它描绘的究竟是怎样一个神秘的故事呢？

这种陶缸是在河南伊川县白元乡土门遗址最早发现的，这里是新石器时代仰韶文化、龙山文化遗址。因在附近出土的同类陶缸较多，所以人们将其称为"伊川缸"。据专家考证，伊川缸是当时的成人瓮棺葬具，一般都特别简单朴素，彩绘图案并不多见。

这件鹳鱼石斧图彩绘陶缸外侧的彩绘图案显示了墓主人不寻常的地位。人们猜测，鹳鸟和鱼可能分别是两个氏族的图腾，鹳鸟衔鱼，代表了鹳鸟氏族战胜了鱼氏族。缸的主人可能就是鹳鸟氏族的首领，在他去世后，人们将这个事迹绘制在埋葬他的瓮棺陶缸上作为纪念，而旁边的石斧是他使用的武器，象征着权力。

石斧是新石器时代常见的工具，原始人用石斧开辟田地，抵御猛兽的袭击，战争中也会用石斧作为武器。让人奇怪的是，鹳鱼石斧图彩绘陶缸上的石斧是竖着放的，并不像日常那样平放，而且斧刃向外，斧柄

鹳鱼石斧图彩绘陶缸

国宝档案

年代：新石器时代·仰韶文化（距今约 7000—5000 年）
材质：陶
尺寸数据：高 47 厘米，口径 32.7 厘米，底径 20.1 厘米
发现地：河南临汝（今汝州市）阎村
收藏地：中国国家博物馆

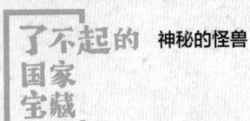

上缠绕着绳子，并刻有一个"X"符号，这很可能是氏族的标志。

关于它的寓意，有人说这象征着氏族首领的权力和英雄功绩；也有人说，氏族将石斧奉为神灵，鹳鸟衔着鱼代表着氏族向石斧奉献祭品，以祈求安宁与丰收；还有人认为"鹳鱼石斧图"反映的是尧的长子丹朱所崇拜的图腾。

作为距今5000年以上的作品，鹳鱼石斧图所代表的含义还远远不止这些，等待着聪明的你进一步去揭示答案呢。这幅图简洁生动，空间感十足，代表着中国史前彩陶画艺术创作的极高成就，其中的一些笔法技法甚至在后来的国画中被沿用。可以说，这是一幅中国相当早期的绘画啦。

延伸阅读

真有鹳鸟部氏族吗？

遥远的古代，真的有这样的鹳鸟部氏族吗？有专家考证，这有可能是古籍中记载的驩（huān）兜族的祖先。《山海经·大荒南经》里记载有个叫驩头（古代神话中又叫驩兜）的人，长着人的面孔，同时有鸟喙和翅膀，是一种半人半鸟的形象。传说他们是黄帝的后人，但后来与尧有冲突，被舜放逐到了崇山，成了南蛮。还有传说称，驩兜与共工、三苗、鲧被合称为"四罪"。

这个大方尊上
为什么有四只羊？

1938年，湖南省宁乡县黄材镇的几个农民，在劳作时偶然挖出了一件四羊方尊。这件宝物在古董商手里几经辗转，最后被当时的湖南省政府没收，被保存在湖南省银行。

当时正值抗日战争期间，为躲避日军入侵，人们拉着装有四羊方尊的木箱向后方撤离。不巧，一枚炸弹在木箱附近爆炸，把四羊方尊震成了很多块。

1952年，文物工作者在银行的仓库里找到了四羊方尊的碎片，这些碎片上精美的花纹让他们赞叹不已。于是，文物修复师们用了几个月的时间，将四羊方尊复原如初。这件命运多舛的四羊方尊先被放在湖南省博物馆，1959年被护送到北京，成了当时中国历史博物馆的藏品。

四羊方尊模样可爱，体量却不小，上口最大径44.4厘米，高58.6厘米，重34.6千克，有半个课桌那么大，是中国现存商朝青铜方尊中最大的一件。

那么，这么大的四羊方尊是用来干什么的呢？"方尊"意为方形盛酒器，"四羊"指方尊外的四只卷角羊。商朝时，人们在耕种、丰收、年节或者建房子、君王登基这样的吉庆日子里，常常会举办盛大的祭祀活动。人们会为神明送上成套的酒具，有酒壶、酒杯等。四羊方尊就是古人献给神明的大酒壶。

那么，这么高大的酒器，为什么要用可爱的羊来背呢？

原来在原始社会，牛、羊、猪就是最早被人类驯化的动物。羊因为模样可爱，性格温顺，象征着善良知礼，被古人视为灵兽和吉祥物。在甲骨文中，"羊"通"祥"，即吉祥。因此，羊的形象或带有羊的部首的汉字、成语等也往往有吉祥的寓意。在古代器物上，"吉祥"也写成"吉羊"。在汉字中，"羊"和"大"组成了"美"，"羊"和"示"组成了"祥"，这都是由"羊"的吉祥寓意转化而来的。四只羊组合在一起的四羊方尊既表达了对祖先的敬意，也反映了对家畜兴旺的美好期盼。

方尊上四羊的前足以浮雕的形式被刻画出来，羊头与羊颈伸出方尊外，羊身与羊腿附着在方尊腹部及圈足上，合力"背"着沉重的方尊，既有吉祥如意的寓意，造型又非常有趣。通常的尊，开口都不会太大，但这个尊口却张得很开，非常稳重。

方尊四角的卷角羊头活灵活现地围在方尊周围，好像驮着盛酒的大器皿，羊口微张，眼睛凸起，眼珠内凹。通体以细密云雷纹为地，羊颈部的蕉叶纹和饕餮纹，十分精美。肩上饰四条高浮雕式盘龙，仿佛蜿蜒而行，尊贵威严。还有一个特别的地方，四羊方尊的足部并不是分叉的羊蹄，而是做成了马蹄的样子，看起来十分有趣。

四羊方尊相当高大，铸造它可不是件容易的事。古人要分别铸造8个角、4个头和1个器身，再将它们组合在一起。那这些构件又是如何不露痕迹地组装起来的呢？原来，那些凸

四羊青铜方尊细节

国宝档案

四羊青铜方尊

年代：商（公元前1600—前1046年）
材质：青铜
尺寸数据：上口最大径44.4厘米，高58.6厘米
发现地：湖南宁乡黄材
收藏地：中国国家博物馆

起的花纹不仅是装饰，还是掩盖组装缝隙的功臣呢。

你看，古人把羊与尊结合在一起，既寓意吉祥，又代表着正直威严，穿越几千年的时光，带给我们美的震撼，实在是一件让人赞叹的国宝啊！

四羊青铜方尊

文博小课堂

双羊尊和羊首勺

因为羊寓意吉祥，商朝以羊为主题的青铜器很多，不少精品一直流传至今天。

双羊尊由两只连体羊组成，通高45.1厘米，体态圆润精致，两只羊圆圆的腹部组成尊的空腔，特别生动。遗憾的是，这件国宝流失国外，现藏于大英博物馆。

现藏于陕西历史博物馆的"羊首勺"就像做饭的汤勺那么大，却刻着三种动物，勺柄端是一个盘角绵羊头，勺柄上一只小老虎，在追逐一只小山羊（也有说是站立的小狗），却总也追不上，仿佛就是古代版的喜羊羊和灰太"虎"。

鸟尊为什么长了个象鼻子？

2000 年，山西省曲沃县北赵村晋侯墓地出土了一件造型奇特的青铜器鸟尊，这件青铜器里有大凤鸟、小凤鸟和象三种可爱的动物。大凤鸟全身布满羽毛和花纹，做回眸状，凤首微昂、凤眼圆睁、凤冠直立、两翼上卷、身体丰满。有趣的是，凤背上还背着一只小鸟，像极了依偎着妈妈的宝宝。更为奇特的是，大凤鸟有一条特别粗大的尾巴，仔细一看，那可不是普通的鸟尾，而是一条内卷的象鼻子！

鸟的身上为什么会长出大象鼻子呢？

原来，鸟尊中还隐藏着另一种动物：一头小象。一条卷起的象鼻子同时成为凤鸟的尾巴，凤鸟上卷的翅膀又成了小象的大耳朵。除了造型巧妙之外，小象鼻子还成了晋侯鸟尊的一个重要支撑点——与两条凤鸟腿三足鼎立，保证了鸟尊的稳定性，将尊撑得稳稳当当。

晋侯鸟尊虽然精美，但体形并不高大，它高 39 厘米，长 30.5 厘米，宽 17.5 厘米。它的器盖内侧有 9 个字的铭文——"晋侯作向太室宝尊彝"，专家推测这是晋国的国君在宗庙祭祀神明的时候盛酒的礼器。

今山西南部在西周时为唐国，是周成王的同母弟叔虞的封地。叔虞的儿子燮（xiè）父继位后，迁离旧都，并将国号改为"晋"，成为第一

晋侯鸟尊

国宝档案

年代：西周（公元前1046—前771年）
材质：青铜
尺寸数据：高39厘米，长30.5厘米，宽17.5厘米
发现地：山西曲沃北赵村晋侯墓地
收藏地：山西博物院

代晋侯。专家认为，晋侯鸟尊的主人就是第一代晋侯燮父。由唐迁晋，这在古代可是一件大事，可能需要及时昭告祖宗，祈求祖先庇佑。因此，晋侯命人铸造了鸟尊，作为祭祀仪式中的礼器。

这件礼器设计得非常用心，那只站在凤鸟背上的小鸟可不仅仅是装饰，还像茶壶盖那样，是凤鸟腹部盖子的提手。人们捏着小鸟打开凤鸟背，就可以向里面倒酒了。"晋侯作向太室宝尊彝"9字铭文，也藏在盖子里面。因为是盛酒的礼器，象征性地献给神明，不用像普通的酒壶那样，随时随地将酒倒出来喝，所以鸟尊只有这一个装酒的注口，而没有出酒的流口。

鸟儿与大象，都是西周时期流行的装饰元素，大鸟回眸，小鸟依偎，小象缩首。晋侯鸟尊设计精巧绝伦，是中国青铜艺术中的珍品，被认为是山西省的历史之源、文化之源、精神之源，山西博物院还专门以它为原型设计了院徽。

什么是"尊"？

尊，是古代身形高大的酒器。青铜尊在商周时期最为常见，代表着主人的尊贵地位。它一般脖子长，肚子大，圈足高高的。青铜尊有各种神兽造型，如龙、羊、牛等。鸟兽尊造型独特，纹饰精美，是青铜礼器中的特殊品类。比较有代表性的有河南安阳殷墟妇好墓出土的鸮尊、太原赵卿墓出土的鸟尊、太原出土的子乍弄鸟尊以及晋侯鸟尊。

尊和彝，一对"好兄弟"

尊和彝都是古代的酒器，就像一对兄弟一样，原本是成组礼器的共称，一般用于祭祀、朝聘、宴享之礼，在古代也泛指礼器。《周礼·春官·司尊彝》中记载，祭祀礼器中有"六尊六彝"，"鸟彝"即为其一，是宗庙祭祀的重要礼器。

"妇好"青铜偶方彝　　　　春秋时期的鸟尊

延伸阅读

古老的凤鸟传说

凤鸟自古以来就是祥瑞的象征，商周时期人们非常崇拜凤鸟，有玄鸟生商的传说。周朝人也把凤鸟视为守护神，在他们眼中，凤鸟是建国兴邦、能给生活带来幸福的祥瑞神鸟，很多文物都体现了这种原始的图腾崇拜。晋侯鸟尊是中华先民崇拜凤鸟的重要证据。

在古代传说中，人们最早食用的粮食，便是从烧焦的鸟胃中找到的，人们跟随着鸟儿的踪迹找到了稻田。在漫长的历史中，鸟儿的身影大量出现在古人的器物、服饰上。例如在传统的女性冠服中，便有孔雀、鸳鸯的图案。在皇太后、皇后或皇妃的服饰和用品上，则有凤凰的身影。另外，在古代文官的服饰上，还绣有仙鹤、锦鸡、云雁、练鹊（也作"练雀"）等鸟儿的图案，代表着各级官员的品级地位。

大象在古代为什么受欢迎？

明朝就专门饲养训练大象，以备在大祀、大朝会中驮宝匣出行。清朝《大驾卤簿图》中就绘有仪仗队中的大象。

著名的意大利旅行家马可·波罗在《马可·波罗游记》中写，元朝在元旦等重大节日时，五千头大象组成的象队，会列队从皇帝的面前经过，蔚为壮观。为什么会有这么多的大象呢？

大象身躯庞大、仪态庄严，古时常常被用在皇家的仪仗中，以显示君主的权威，这种充当仪仗官的大象被称为"仪象"。从汉朝开始，皇帝的仪仗队中就开始使用大象作为前导，唐朝时也会将大象安排于宫廷仪仗中。明朝的时候，北京城里有专门的"象房"。在举行盛大仪式时，仪仗队中的大象被盛装打扮，有时背上还会驮着一个宝瓶，取意"太平有象"，寓意着吉祥、吉庆。

那么，大象是从什么时候开始成为古人的朋友呢？

传说远古时期的部落首领舜，是第一个驯服野象的人，他能使大象像牛一样耕田。舜去世以后，有大象在他的墓前刨土。由于大象数量稀少，它们通常被视为财富和权势的象征。

夏商时期，大块头、有力量、性情温顺的大象逐渐被驯服。除了能干活，大象还是勇敢的"战士"呢！大象用于战争在历朝历代都有记述。明朝时，朝廷设置"驯象卫"，既负责捕象，又作为军事据点。在明王朝与百夷的战争中，百夷曾经用大象来对抗明军。

从商朝起，人们便会按照大象的样子做出精美的工艺品。湖南博物院就珍藏着一件惟妙惟肖的商铜象尊。它小巧玲珑，高22.8厘米，长26.5厘米，却有着肥大的身躯和粗大的四肢，甩着长长的鼻子，垂着小小的尾巴，憨态可掬、惹人喜爱。

商铜象尊的腹部是空心的，敞着一个椭圆形的"大口"，高高翘起的长鼻子顶部，还有一个"小口"。据推测，腹部的"大口"，很可能就是注酒的"注口"，象鼻子顶部的"小口"，则是与中空腹部相通的倒酒的"流口"。通过"流口"把酒倒入酒杯里，人们就可以美美地喝酒了。

象尊里装的是什么酒？

商铜象尊出土于湖南省醴（lǐ）陵市，"醴"就是"甜酒"的意思，人们认为这种酒可能就是商朝人装在象尊里的美酒。

湖南早在商朝就盛产稻子，人们用稻谷酿成甜酒，献祭自然与神灵。"醴"字分为三部分：第一是左边作为偏旁的"酉（yǒu）"，在甲骨文中，代表酿酒的容器；第二是右上方的"曲"，早期的意思是竹筐；第三是

国宝档案

商铜象尊

年代：商（公元前1600—前1046年）
材质：青铜
尺寸数据：高22.8厘米，长26.5厘米
发现地：湖南醴陵
收藏地：湖南博物院

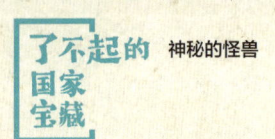

右下方的"豆",最早的意思是装肉装酱的容器。整个字合起来就是用酒、肉和酱等美食祭祀祖先。浓浓的美酒,盛满了商铜象尊。"醴陵"这个地名,很可能也因此产生。

象尊上的"动物园"

商铜象尊可不是一只简单的小象,它的全身有二十多种动物纹饰,简直是一座好玩的"动物园"。

商铜象尊长长的象鼻子上,便有好几种动物:鼻端口沿部位铸有一只长着尖细嘴巴的玄鸟,双眼圆睁,身上清晰地雕刻着翅膀;玄鸟之上,匍匐着一只头朝着大象额头的圆雕老虎,虎身伏卧在象鼻顶上,虎尾卷翘;张开的虎口还衔住一条象鼻上的长蛇。动物学家推测这种蛇应该是烙铁头蛇,至今仍然生活在湖南的邵阳、郴州一带。

小象宽阔的额头上方,装饰有一对螺旋形的半浮雕蛇纹,分别盘绕在额头两侧。回环曲折的小蛇双目圆突,连身躯中央的脊都雕刻得相当精细。小象眼睛圆突,嘴角向下,两颗尖尖的象牙外露,象鼻上翘成"S"形,似扬鼻长啸,挑战发威。

象头两侧各有一个巨大的蒲扇形耳;象脖向后延伸一直到象腰的地方,有夔(kuí)纹图案,象肚下还有夔首;前腿上有夔纹。

小马也有成年礼？

中国自 3000 多年前的周朝就有举办成人礼的传统。一般男子到了二十岁要举行冠礼，女子到了十五岁要把头发盘起来插上簪子，叫及笄（jī），这样就算成年了。可是，你知道吗？在那个时期，小马也有成年礼！

小马驹长到两岁，人们会为它们举办执驹礼。之后小马驹会离开马妈妈，接受训练，准备成为战场上冲锋陷阵的战马。西周时期非常重视礼制，《周礼》中便记载了执驹礼。

在一次执驹礼上，一个名叫盠（lì）的贵族受到周王的表扬，周王特意赏赐给他两匹小马驹。盠开心极了，于是他按照小马驹的样子，特意制作了一个小马驹模样的青铜驹尊，并且把赏赐过程一字一句地刻了上去，希望后世子孙不忘这份荣耀。

1955 年，在地下沉睡了 3000 多年的青铜驹尊，终于在陕西眉县李家村重见天日。这个青铜驹尊胸部和背部的方盖内共有 12 行 105 字的铭文，重现了当时的场景，也让这件马驹造型的青铜器，显得弥足珍贵。

"盠"青铜驹尊如今珍藏在中国国家博物馆。从造型上看，小马驹昂首站立，满脸稚气，两只小耳朵直直竖起，颈后的鬃毛整整齐齐。它的身躯较小，四条腿也显得矮矮墩墩，但四蹄触地有力，虎虎生威。特别值得一提的是，和同时期的青铜器相比，驹尊没有繁复的花纹，只在

腹部装饰着简单的圆涡纹，正是朝气勃勃的小马驹形象。

小马驹背部的马鞍，是可以打开驹尊的盖子，里面刻有铭文："王拘驹斥，易盠驹勇雷、雅子。"意思是说：周王在名叫斥的地方举行执驹礼，赐给盠两匹驹，分别叫勇雷、雅子。而驹尊胸部所刻94字铭文，除了记述周王赐马驹的经过外，还表达了盠对周王关怀宗族子弟的感谢。这些铭文，不但为我们再现了"执驹礼"的盛况，也为考古工作者研究周朝历史提供了丰富的资料。

也许有人会问，小小的马驹，为什么会让周王和贵族宗亲如此重视呢？

原来在西周时期，马不是普通的动物，而是战争中的重要工具。当时的战争以车战为主，作战时，靠马拉的战车冲锋陷阵，每辆兵车配备四匹马，甲士三名，分别是车左、车右和御者，徒兵若干人，士兵要在马车上以戈为武器进行战斗。人们以作战马车数量的多少来衡量一个国家的实力和规模，常常用"万乘（shèng）之尊"来形容帝王的尊贵。"乘"就是四匹马拉的车，"万乘"指帝王拥有的战车之多。

在日常生活中，马车也是身份的标志，不同级别的官员乘坐几匹马驾的车都有严格的规定。西周时期的文献中有"天子驾六，诸侯驾五，卿驾四，大夫三，士二，庶人一"的说法，即天子乘坐六匹马拉的车，诸侯乘坐五匹马拉的车……以此类推，到了地位最低下的庶人，即平民百姓，只能乘坐一匹马拉的车。

在河南省洛阳市东周城址一座车马坑里，出土了对称的六匹马的骨骼，印证了文献中"天子驾六"的记载。周王和贵族宗亲将马视为心爱的坐骑，格外珍视，也就理所当然了。

国宝档案

"盠"青铜驹尊

年代：西周（公元前1046—前771年）
材质：青铜
尺寸数据：高32厘米，长34厘米
发现地：陕西眉县李家村
收藏地：中国国家博物馆

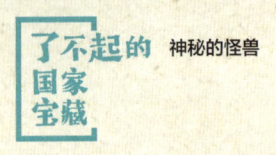

一匹脚踏飞燕的铜奔马

有一匹神奇的马,在中国,甚至世界上的很多地方,都能看到它的身影,它是谁呢?

这匹马异常矫健,昂首嘶鸣、三足腾空、飞速奔跑,似乎迸发出了全身的力量,有一只马蹄在奔跑中掠到了飞鸟,人们亲切地称它为"马踏飞燕",考古学家则称其为铜奔马。

铜奔马是甘肃省博物馆的镇馆之宝,1969 年在甘肃武威出土。它是 2000 多年前东汉一位张姓将军的陪葬品,外国人称它为"天才的中国马"。它通高 34.5 厘米,长 45 厘米,宽 13.1 厘米,造型绝妙:马全身的着力点集中于一足之上,既表现了马在奔跑中的姿态,又显示出了马迅疾的速度;脚下鸟儿展开的双翅,既描绘了这匹马的神奇,又准确把握了力学原理,起到了支撑平衡的作用。

1983 年,这匹马成为中国旅游的标志。因为在汽车发明之前,马一直是人们出行的主要交通工具,以"铜奔马"作为旅游标志,正好反映了中国悠久的历史文化。

铜奔马

鹿形文物上竟有一对真鹿角？

1978年，曾侯乙墓惊现于世人面前，出土的除了闻名于世的曾侯乙编钟，还有一只漂亮的彩漆木雕梅花鹿。

这只小鹿是用整木雕刻而成的，眼眶、嘴唇、鼻孔用鲜红的浓漆点涂，样子十分可爱，像一只趴着的小精灵。最神奇的地方是，这只鹿的头可以旋转，而且头上一对庞大的鹿角是真鹿角！鹿角指向天空，呈枝杈状，比身体还长，形态奇特而神秘。出土时与琴、瑟相伴，后腿有一方孔，推测孔内曾经插有一面鼓。

曾侯乙墓是春秋战国时期，周王族诸侯国曾国国君曾侯乙的一座墓葬，位于湖北随州。湖北地区发掘的很多春秋战国时期的贵族古墓都有镇墓兽，一般都是兽面、人身、鹿角，有的镇墓兽看不清兽面和人身，但都有一对高大的鹿角，形态和彩漆木雕梅花鹿的鹿角相似。

专家们推测，彩漆木雕梅花鹿的鹿角很可能是用在长江中下游地区生活的麋鹿角制作的。商周时期，湖北地区温暖湿润，湿地密布，特别适合麋鹿生存。当时贵族喜欢圈养麋鹿，而神奇的鹿角，最初象征着勇敢和强大，到春秋战国时期，已经成为力量和权威的象征。

鹿性格温顺、恬静，与自然和谐相处，它不但被贵族所喜爱，还是古

人心中吉祥和平的象征。同时"鹿"又和代表财富的"禄"同音，因此又有福禄双全、生活富足的寓意。因此很多出土文物中，都有鹿的形象。

曾侯乙墓还出土了一件长着鹿角的青铜器——铜鹿角立鹤。它的身体酷似一只展翅的仙鹤，头的两侧有枝杈丛生、朝上内卷呈圆弧状的一对鹿角，鹤的头、颈及鹿角上装饰着各种花纹，腹背装饰着羽毛纹。脊上及腹、翅、尾下部镶嵌着珍贵的绿松石。鹤的腹部与翅膀连接处还有"蟠龙环绕""龙嘴衔翅"等华美花纹。

在古代传说中，鹤是神鸟，是仙人的骑乘。放在墓葬中可能是墓主人希望骑着这只神奇的铜鹿角立鹤，前往遥远的天国。因为造型独特，铜鹿角立鹤成了文物发现地湖北省随州市的城市标志。

成语小课堂

指鹿为马

秦朝秦二世时期，丞相赵高独揽朝政大权。他担心大臣中有人不服，想试试自己的威信。一天，他牵着一只鹿献给秦二世，说这是一匹名马。二世听了，大笑道："丞相啊，这明明是一只鹿，你却说是马？"赵高指着鹿高声问大臣们："你们说说，这是鹿还是马呀？"大家畏惧赵高，有人不敢说话，有人为了讨好他说是马，只有正直的大臣才敢说实话。事后，说实话的大臣受到了赵高的迫害。后来，人们用指鹿为马来比喻故意颠倒黑白，混淆是非。

国宝档案

彩漆木雕梅花鹿

年代：战国早期

材质：木质

尺寸数据：身高 27 厘米，鹿角高 50 厘米

发现地：湖北随州擂鼓墩 1 号墓

收藏地：湖北省博物馆

铜鹿角立鹤

年代：战国早期

材质：青铜

尺寸数据：通高 143.5 厘米

发现地：湖北随州擂鼓墩 1 号墓

收藏地：湖北省博物馆

十二生肖始于何时？

亲爱的小朋友，你是否听说过这样一个谜语："说它多，真是多，全国每人有一个；说它少，真是少，全国只有十二个！"谜底就是——十二生肖。

我们每个人都有属于自己的生肖——鼠、牛、虎、兔、龙、蛇、马、羊、猴、鸡、狗、猪，可你知道这些可爱的动物是什么时候变成中国人的生肖的吗？

这还要从远古时代说起。十二生肖中的动物大多和先民的生活有关，马、牛、羊、鸡、狗、猪很早就被先民驯化和饲养，前面我们讲过了，它们被称为"六畜"。古代就有这样的说法：牛能耕田，马能负重致远，羊能供备祭器，鸡能司晨报晓，犬能守夜防患，猪能招待宾客。而其他动物也因为具有某种特性和能力而为人们所喜爱，比如兔子柔顺温和，老虎是百兽之王，猴子聪明机灵，龙在神话故事中威武神异。在那个时代，先民希望得到某种动物的保护，便会慢慢形成对该种动物的崇拜，于是产生了动物图腾。比如有的部落会把太阳和鸟画在一起，作为部落的图腾。后来，早期国家出现了，也会把动物作为图腾，如夏朝的熊、鱼图腾，商朝的玄鸟图腾，周朝的龙、鸟、龟、犬、虎图腾等。

古代用天干地支纪年，慢慢地，人们便开始把喜欢的动物和纪年、纪月、纪日结合起来。《诗经》中就已出现动物纪日、纪时，如《诗经·小雅·吉日》中有"吉日庚午，既差我马"的诗句。以动物纪年，最初起源于古代西北游牧民族，他们用牛、虎、兔表示不同的年份。后来中原地区逐渐用十二种动物对应十二地支纪年，即子鼠、丑牛、寅虎、卯兔、辰龙、巳蛇、午马、未羊、申猴、酉鸡、戌狗、亥猪。东汉时期的大思想家王充写了哲学著作《论衡》，其中讲到十二生肖十二地支，说明那时候"十二生肖"已经定型。《北史》中记载，宇文护的母亲在给他的一封信里写道："昔在武川镇生汝兄弟，大者属鼠，次者属兔，汝身属蛇。"生肖的这种用法，一直沿用到今天。如2021年是辛丑年，也就是牛年，这一年出生的小朋友就属牛啦。

十二生肖产生之后逐渐盛行，人们喜欢把这十二种可爱的小动物放进铜镜、瓷器和字画等艺术品中。隋唐时期，十二生肖按照典章成为官员的随葬品。很多陶俑拥有十二生肖的头，人的身子，穿着规整的官服，像主人上朝时一样恭敬，萌态十足。

中国国家博物馆珍藏着一面"四神十二生肖铜镜"。这面铜镜外圈的十二个格，依序排列着鼠、牛、虎、兔、龙、蛇、马、羊、猴、鸡、狗、猪，和十二生肖的排序一模一样。这样的铜镜在隋唐时较为多见。

在中国几千年的传统文化中，十二生肖与人们的生活息息相关。每个中国人，只要一出生，就会获得一个属相。每逢农历新年，新的生肖，会给予我们一个崭新美好的祝愿，成为值得期待的吉祥物。

青瓷羊形烛台

四神十二生肖铜镜

国宝档案

年代：隋（公元581—618年）
材质：铜
尺寸数据：直径18.2厘米
收藏地：中国国家博物馆

十二生肖的顺序是怎么排的呢？

关于十二生肖的排序有各种各样的说法，比较主流的说法是，与古代的计时法有关系。我们都知道，一天有二十四个小时，古人没有钟表，人们便把一天分为十二时辰，根据十二种小动物的习性进行了排列。

晚上十一点至次日凌晨一点，为子时，这个时候小老鼠要偷偷出来活动啦，所以称"子鼠"。

凌晨一点至三点，为丑时。牛一般在这个时候吃完草，所以称"丑牛"。

凌晨三点至五点，为寅时。这个时候老虎最凶猛，山林中会不时传出虎啸的声音，所以称"寅虎"。

清晨五点至七点，为卯时。这个时候天刚刚亮，可爱的兔子喜欢跑出自己的小窝去吃带着露水的青草，所以称"卯兔"。

早晨七点至九点，为辰时。这个时候旭日东升，天容易起雾，传说中的龙喜欢在这个时候腾云驾雾，所以称"辰龙"。

上午九点至十一点，为巳时。这时候大雾渐渐散去，太阳高高挂在空中，此时蛇隐蔽在草丛中，所以称"巳蛇"。

中午十一点至一点，为午时。这时候野马喜欢四处奔跑，高声嘶鸣，所以称"午马"。

午后一点至三点，为未时。这时候天气暖洋洋的，最适合放羊，所以称"未羊"。

下午三点至五点，为申时。太阳慢慢往西移动，猴子喜欢在这个时候喧闹啼叫，所以称"申猴"。

傍晚五点至七点，为酉时。太阳落山了，小鸡在鸡窝前打转，所以称"酉鸡"。

晚上七点至九点，为戌时。人们劳动了一天准备休息啦，踏实的狗会趴在门前守护，所以称为"戌狗"。

晚上九点至十一点，为亥时。这个时候夜深人静，猪拱槽发出的声音很容易被人们听见，所以称"亥猪"。

可爱的小猫为什么没有入选十二生肖？

猫和老鼠是一对天敌，那么为什么十二生肖里只有老鼠，没有猫呢？

原来，在民间流传着这样一个故事：玉皇大帝要选十二种动物担任宫廷侍卫，并按到达的时间排定座次，猫托老鼠叫早，老鼠忘记这件事了，结果猫迟到了，没当上侍卫，非常生气，从此以后，猫和老鼠便成了天敌。

成语小课堂

鼠目寸光

排名在十二生肖首位的老鼠给人的印象并不好，鼠目寸光原意指老鼠的目光只有一寸之远，比喻目光短浅。

延伸阅读

天干地支

天干（10个），即甲、乙、丙、丁、戊、己、庚、辛、壬、癸；

地支（12个），即子、丑、寅、卯、辰、巳、午、未、申、酉、戌、亥。

十二生肖歌

小老鼠打头来，牛把蹄儿抬；

老虎回头一声吼，兔儿跳得快；

龙和蛇尾巴甩，马羊步儿迈；

小猴机灵蹦又跳，鸡唱天下白；

狗儿跳，猪儿叫，老鼠又跟来；

十二动物转圈跑，请把顺序排；

十二动物转圈跑，请把顺序排。

凤首龙柄壶
究竟是哪个国家的?

故宫博物院里收藏着一件唐朝青釉凤首龙柄壶。它的工艺和造型十分奇特,像一只站立的大凤鸟,壶柄是一条衔住壶口直立的蟠龙。青釉凤首龙柄壶壶身的纹饰十分繁复,主体纹饰有两层:上层六个联珠纹圆圈内,各有一个手舞足蹈的大力士,下层则是六朵宝相花,至于壶的口沿、颈、肩等处,洋溢着异域风情的繁复花纹更是数不胜数。

这件文物不但好看,还大有讲究呢!它一方面吸收了波斯萨珊王朝金银器造型的特点,同时又采用了我国传统的龙凤装饰元素,且二者得到完美融合。那么这个凤首龙柄壶到底是哪个国家的宝贝呢?

原来,古代有一条了不起的路,以中国长安、洛阳为始发地,贯穿亚洲中部、西部及非洲、欧洲等地,是古代伟大的贸易通道,叫"丝绸之路"。早在西汉时期它就已经开通了,在隋唐时期达到鼎盛。人们将丝绸、瓷器等中国特产,经"丝绸之路"一路运往西方各国,而欧洲、中亚的香料、物产、工艺品等,也通过这条路运到中国。

"丝绸之路"将东西方连接起来,是一条东西方之间进行物质文化交流的文明大动脉,出土的许多珍贵文物见证了它的繁荣与辉煌。通过这条路,国外的金银壶被带到中国,中国工匠受到启发,根据金银壶的造型,特别是鸟首壶的特征,打造了具有中国特色的凤首壶。青釉凤首

青釉凤首龙柄壶

国宝档案

年代：唐（公元618—907年）
材质：瓷
尺寸数据：通高41.3厘米，口径19.3厘米，足径10.2厘米
发现地：河南汲县
收藏地：故宫博物院

龙柄壶就是其中的优秀代表。

在这件瓷器上，既有波斯萨珊王朝金银器的影子，又有中国传统的龙凤元素及刻花、模印等技法，还兼有北朝莲花尊的特征和青瓷的风格，体现了唐朝制瓷工匠的高超技艺，堪称中西方文化交流的艺术精品。

萨珊王朝的金银器——鎏金银壶

造型独特的青釉凤首龙柄壶并不孤单，宁夏固原博物馆的镇馆之宝鎏金银壶，无论是壶口、壶盖还是壶身，其线条造型都和青釉凤首龙柄壶十分相似。

六朝时期，鎏金银壶被广泛使用。固原博物馆的这只鎏金银壶比青釉凤首龙柄壶小一些，壶盖简洁流畅，长长的壶柄在弯曲部分铸着一个深目高鼻戴盔形帽的人头雕像。鎏金银壶的壶身也有联珠纹。壶腹的主要部分是由三组一男一女的浮雕组成的，是具有希腊风格的连环故事。专家分析，这只精美的银壶，并非希腊原产，而是当时的萨珊王朝工匠制造的。商人们经过重重艰险，将这个银壶和其他奇珍异宝带到中国后，献给了当时北周的高官李贤，李贤非常喜爱这只银壶，去世后把它带入墓室作为陪葬品。

鎏金银壶在全世界现存的萨珊王朝金银器当中，无论是工艺水准，还是表现内容都是数一数二的。这件精美的宝贝，连接起古代中国、波斯和希腊，是东西方文化交流的见证，它穿越长长的历史时光，依然让人惊叹不已。

鎏金银壶

年代：北周（公元 557—581 年）

材质：银

尺寸数据：通高 37.5 厘米，最大腹径 12.8 厘米

发现地：宁夏固原李贤夫妇合葬墓

收藏地：宁夏固原博物馆

国宝档案

成语小课堂

龙凤呈祥

龙和凤在古人心中的地位非常高，龙是"鳞族之长"，凤是"百鸟之王"。人们常常将龙凤的图案放在一起作为装饰，寓意吉祥如意，"龙凤呈祥"指吉利喜庆之事。

战国时期的白玉透雕龙凤纹璧

古人为什么喜欢仙鹤？

2006年，河南博物院举办了一场特别的展览，一对分别了半个多世纪、年龄已有2500多岁的莲鹤方壶"姐妹"终于见面了！此前，身高122厘米的"姐姐"定居故宫博物院，身高117厘米的"妹妹"定居河南博物院，"姐妹俩"长得几乎一模一样。

顺着莲鹤方壶的壶身，自下而上有两只卷尾兽，侧首回望，托起沉重的青铜壶体。壶体四面布满了蟠龙纹，在壶腹的四角，带翼的怪兽蟠龙仿佛正在缓缓向上爬行。壶体的上部，有一对镂空的双龙耳。而最引人注目的是，方壶最上层的双层莲瓣中央伫立着一只栩栩如生的仙鹤，它形态轻盈，展翅欲飞，看起来非常灵动，仿佛为青铜器延展出一片天空。

莲花和仙鹤，为什么如此受古人喜爱呢？

原来在中国传统文化中，莲与鹤都是吉祥之物。鹤在传说中是神仙的坐骑，是能沟通天地的仙禽，也是长寿的象征。莲花是品格高洁的象征。制作莲鹤方壶的工匠，把象征美好的莲和鹤，雕刻在象征权力的方壶上，使得原本威严厚重的青铜器轻盈灵动起来，开创了崭新的风气。

那么，如此高大精美的莲鹤方壶，到底是怎样铸成的呢？

据考古学家分析，这两只高大的方壶，是采用分铸法铸造出来的。

其中，顶部的鹤铸在一块平板上，可以单独取下。二十片莲花瓣、双耳、腹部四角飞龙等，都是分铸成型，然后才和壶体浇铸在一起。这种技术始于商朝，在春秋时有了进一步的发展，是中国铸造工艺史上的杰出成就。当时很多大型的结构复杂的青铜器，都是这样铸造的。

那么，这对莲鹤方壶又是如何被发现的呢？当初怎么会分隔两地呢？

原来，在1923年8月，河南新郑李家楼的一个乡绅在自家院子里挖井时挖到了青铜器。当地政府立即展开挖掘，出土了很多文物，包括这对莲鹤方壶，后来它被收藏在河南博物院。

十几年后，抗日战争爆发，河南博物院带着很多重要文物冒着战火一路西撤，把它们带到了当时的大后方重庆。1950年，莲鹤方壶中的"姐姐"被调往北京，入藏故宫博物院。莲鹤方壶中的"妹妹"则随其他文物返回河南，直到2006年，它们才在故乡重逢。又过了几年，"妹妹"前往北京看望"姐姐"，共同参加河南历史文化展，彼此才又一次重逢。

壶

壶是古代容器，主要用来盛放酒浆或粮食。我国新石器时代已有陶壶。商周时期的青铜壶大多有盖，多为圆形，也有方形或椭圆形的。莲鹤方壶的个头和五六岁的小朋友差不多高，显然不可能是普通的酒具。考古学家认为，它们是诸侯国国君的重要礼器，在宗庙祭祀、宴享宾客等重大活动时使用。

成语小课堂

鹤立鸡群
长得漂亮的仙鹤深受古人喜爱，后来人们用鹤立鸡群来形容一个人的仪表或才能在周围一群人里显得非常突出。

莲鹤方壶

国宝档案

年代：春秋（公元前770年—前476年）
材质：青铜
尺寸数据：通高117厘米，口长30.5厘米，口宽24.9厘米
发现地：河南新郑李家楼郑公大墓
收藏地：河南博物院

一个为仙鹤作画的皇帝

北宋政和二年（1112年）正月十六，一群仙鹤盘旋在北宋都城汴京（今河南开封）皇宫宣德门上方，鹤鸣清脆响亮，皇帝宋徽宗闻声赶来，激动不已的宋徽宗随即将这个神奇的画面描绘下来，并起名为《瑞鹤图》。

《瑞鹤图》中，宣德门上祥云缭绕，十八只仙鹤在空中盘旋飞舞，各具姿态，还有两只停落在宣德门宫殿的鸱（chī）吻上。当时，正值金兵压境，大宋皇帝想借《瑞鹤图》的祥瑞之兆，祈福国运。

然而，十五年后的1127年，北宋灭亡，宋徽宗被金兵俘虏，受尽屈辱后去世。《瑞鹤图》几经辗转，抗日战争胜利后，这幅珍贵的《瑞鹤图》回到了国家手中，现珍藏于辽宁省博物馆。

宋徽宗的传世名画《瑞鹤图》

中国最早的龙长什么样？

龙是中国文化的代表性元素。如果问起远古时期的龙长什么样，很多人一定会说，神话中的龙有鹿的角、牛的头、蛇的身、鱼的鳞，要多神气有多神气！可是，你知道吗，在几千年前，龙的形象可没有这么神奇，它们小小的，模样也没有现在这么威风。

中国国家博物馆就珍藏着一件用墨绿色的玉雕琢而成的"玉龙"。玉龙高26厘米，仅比一瓶500毫升的可口可乐瓶高一点。它周身光洁，精雕细琢，龙的头不大，眼睛是水滴状的，嘴巴往前伸展着，鼻子微微上翘，两个鼻孔十分醒目。这条玉龙的身形像一条小蛇，如同一张拉满的弓，颈部一道夸张的马鬃（zōng）雄健地飘拂上卷，粗壮的龙尾弯弯的，迎向龙首，整个身体看起来就像一个反向的英文字母"C"。

这条漂亮的玉龙是1971年出土的，发现地是内蒙古翁牛特旗，是红山文化时期的遗存。在那之前，考古学家们已经发现了很多新石器时代的龙形饰物，但看到玉龙以后，依然感到惊艳。因为这条龙的形状，和甲骨文中的"龙"字非常像，很多人称它为"中国第一龙"，或者"C形碧玉龙"。

后来，翁牛特旗还发现了和这件玉龙相似的另一块玉龙，它是由黄色玉打造而成的，体形略小，面目端庄而不失威严，人们叫它"黄玉龙"。碧玉龙和黄玉龙的相继现身，证实了古代红山人对龙的图腾崇拜。

玉龙的头究竟是什么动物呢？有人说是猪，也有人说是熊，还有人说是马，到现在也没有统一的说法。20世纪80年代，红山文化出土了另一件宝贝——玉兽形玦。它的形态亦如龙般弯曲，高7.2厘米，宽5.2厘米，身体蜷曲，首尾相接处有一个缺口，但没有断开。它的头部宽大，耳朵、眼睛、鼻子、嘴巴，都用简洁的线条刻画出来，两边各有一只三角形的大耳朵，头像猪头一样，考古学家把它称为"玉猪龙"。也有学者认为，这种龙短耳圆目，吻不外伸，其实是熊的形象。红山文化与中国早期的黄帝部族有关系，史载黄帝的名字就是"有熊氏"，红山人又有祭熊的习俗，所以这有可能是熊。玉龙和玉兽形玦都是对各种动物形态的概括和组合，那么，这些长着奇怪兽头的弯弯曲曲的"龙"，究竟是做什么用的呢？

如果你仔细观察就会发现，无论是玉龙，还是玉兽形玦，身上都有一个小小的孔，可以系上绳子挂在身上，或固定在某个地方。据说，红山文化时期的先民，常受干旱困扰，经常要祈雨。漂亮的玉龙，大概就成为沟通天地的媒介啦。

那么，威风八面的龙，还有其他模样的吗？

在距今约7000至5000年的仰韶文化遗址中，就发现了龙的原始纹饰。后来，从我国东北地区辽河流域，到山西省、河南省等中原地区，再到相对遥远的长江中下游地区，分别出现了鱼和龙、鹿和龙、蛇和龙、猪和龙、鳄鱼和龙等组合而成的原始龙的形象。

红山文化以后，在距今约4400至4000年的龙山时代，随着国家的出现、文字的产生，各地间的文化交流更加频繁，龙的造型，经过先民的不断取舍、创新和改造，表现出更具有想象力的造型。随着华夏民族的融合，龙的形象也逐渐统一。到距今三千多年的商朝，龙纹已经是高贵的青铜器上最常用的花纹了。经过数千年的演化，龙才变成我们所熟悉的威风凛凛的样子。

了不起的国家宝藏 神秘的怪兽

国宝档案

玉龙

年代：新石器时代·红山文化（距今约6000—5000年）
材质：玉
尺寸数据：高26厘米
发现地：内蒙古翁牛特旗赛沁塔拉
收藏地：中国国家博物馆

玉兽形玦

年代：新石器时代·红山文化（距今约6000—5000年）
材质：玉
尺寸数据：高7.2厘米，宽5.2厘米
发现地：辽宁朝阳凌源市牛河梁
收藏地：中国国家博物馆

文博小课堂

红山文化

中国新石器时代的文化，1935年首次发现于辽宁省赤峰红山（今属内蒙古），主要分布于辽宁西部一带，距今约6000至5000年。生产工具有打制石器、磨制石器和细石器等。出土的玉器有玉龙、玉龟、玉凤、玉兽等。

龙为什么成了皇帝的代言人？

小朋友们，你们猜红墙黄瓦、流光溢彩的故宫里哪一种动物最多呢？答案是龙！

故宫是明清时期皇帝的家和处理政务的地方，故宫的大门上、宫殿里、屋脊上、院子里，甚至宫中的家具上、钟表上、餐具上、皇帝的衣服上，很多地方都能看到龙的身影。这些龙模样不同、神态各异，有的威风凛凛，有的高贵傲慢，有的活泼好动，有的可爱调皮……故宫里还有一种身材娇小的龙，它们趴在象征皇权的宝玺上，只有在皇帝发布诏令时才会现身。

故宫博物院里收藏着"二十五宝玺"，是清王朝二十五方御用宝玺的总称，每枚宝玺在顶部印纽处，都装饰着一条或坐或卧或蹲的龙，形态各异，栩栩如生。

二十五宝玺之首为"大清受命之宝"，代表着清王朝是受天之命统治中国的。这个宝玺方方正正，通高12厘米，上面盘坐着一条威风凛凛的玉龙，就连印章盒子的四周和顶部，也都有龙形装饰。

宝玺是皇帝发号施令的凭证，那为什么龙会成为皇帝的形象代言人呢？

这还要从几千年前说起。考古学家发现，龙的图案最早出现在装饰物上，它们看起来更像一条小蛇，"匍匐"在玉佩、腰带等装饰物上。随着时间的推移，龙的形象在神话传说中慢慢变得高大起来，体形健壮，能够凌空飞翔。

传说，备受人们爱戴的黄帝，一次在铸造大鼎时，有一条金光闪闪的龙从天而降，对他说："上天看到你为百姓做的事情很高兴，派我来带你上天去觐见天帝。"于是黄帝就骑上龙背，飞到天上去了。人们说，并不是每个人都能骑上龙背，只有像黄帝那样伟大的人才有资格。

这就是黄帝乘龙升天的故事，反映了远古时期人们对龙的崇拜。先民认为龙神通广大，具有通天的本领。两千多年前，汉高祖刘邦当上了皇帝，为了表明自己血统高贵，具有当皇帝的合法性，平民出身的他，宣称自己的父亲是"神龙"，自己是"龙种"。

这个说法得到了后世皇帝们的大力追捧，于是大家纷纷效仿刘邦，将自己的出身与龙联系在一起。东汉光武帝刘秀、三国东吴皇帝孙亮、隋朝开国皇帝杨坚都说自己梦见过龙，或者出生的时候母亲梦见了龙。传说，唐太宗李世民出生时，天上出现双龙盘旋的天象。久而久之，人们便把皇帝称作"真龙天子"！

这些传说使神秘的龙具有了神圣和威严性，地位不断提高，到了明清时期，龙的形象愈加完美，是皇帝最重要的象征。故宫博物院作为明清时期皇帝的"家"，自然处处有龙啦。

文博小课堂

皇帝之宝

皇家重大活动比如登基、大婚、册封皇后、发布殿试金榜及其他重要诏书上会使用的印章。

大清受命之宝

国宝档案

年代：清崇德（公元1636—1643年）
材质：白玉
尺寸数据：印面14厘米见方，通高12厘米
收藏地：故宫博物院

皇帝的衣服就叫龙袍吗？

并非皇帝穿的绣着龙的衣服都叫龙袍。清朝皇帝的衣服可分为礼服、吉服、常服、行服等几类，其中除衮（yǎn）服、朝服、龙袍等有龙纹外，其余大部分是织或绣着各种吉祥花纹。清朝皇帝在登基、大婚、寿辰、元旦、冬至或祭祀天地时，会穿着绣着龙的朝服，肩头绣着龙，前后胸绣着龙，腰带上绣着龙，下裙和衣襟以及领子上也绣着龙。朝服是皇帝礼服的最高等级。

在规格较低的典礼中，皇帝穿的绣着龙的吉服，叫作"龙袍"。龙袍两肩和前后胸各有一条正龙，腹部前后有四条行龙，衣领和衣袖上也绣着龙，做工精细，色彩雍容华贵。无论是朝服还是龙袍，对绣工要求都非常苛刻，最慢的时候，要近千人花两三年才能做好一件。

故宫博物院珍藏着许多清朝皇帝穿过的龙袍，有的是单衣，有的是夹衣。

龙袍并非只有皇帝一个人能穿，清朝的皇太后、皇后、妃嫔也可以穿。不过，只有身份高贵的皇太后和皇后、皇贵妃，可以和皇帝一样，穿明黄色的龙袍，地位稍低的贵妃只能穿金黄色的龙袍，地位更低的嫔只能穿黄褐色的龙袍，品质和模样差了很多。

成语小课堂

人中之龙

在古人心中，龙是一种神秘的吉祥物，象征着神圣。人中之龙形容杰出的、非凡的人才，比喻出类拔萃的人。

雍正朝服像

故宫宫殿屋脊上为什么站着一排小怪兽？

一眼望不到尽头的故宫是世界上最大的木结构建筑群，这里的宫殿气势宏伟、庄严肃穆，让看过的人惊叹不已。它们大到方位布局，小到花纹门钉，都大有讲究。不知道你发现没有，在故宫宫殿的屋脊上，竟然站着一排神色各异的小怪兽！

在宫殿屋脊正脊两端，有巨大的怪兽"正吻"，它张开大口，好像要把整个屋脊吞掉似的，看起来气势惊人。再看垂脊，这里的怪兽有整整一排呢，排成一支"怪兽小分队"。

如果认真数一数的话，除了太和殿的"怪兽小分队"有10个之外，其他宫殿垂脊上"小怪兽"的数量都是单数，最少的1个，最多的9个，一般前面都有一个骑凤仙人，后面整齐排列着各种怪兽。比如，乾清宫有9个，坤宁宫有7个，后妃居住的东西六宫有5个，等级低的宫殿更少，只有3个或1个。

太和殿屋脊的"怪兽小分队"成员是最全的，它们是分别是：龙、凤、狮子、天马、海马、押鱼、狻（suān）猊（ní）、獬（xiè）豸（zhì）、斗（dǒu）牛、行（háng）什（shí）。那么它们为什么会站在宫殿的屋脊之上呢？

"正吻"也称"鸱（chī）吻""大吻"。在古代传说中，"正吻"

是龙的儿子之一，最喜欢在高处险要的地方张望，尾巴一翘，就会喷水。那人们为什么要把正吻放在屋脊上呢？原来，中国古代建筑大都是木制的，容易着火，人们便把它"请"到屋顶上，做个居高临下、瞭望四周的"侦察兵"和"消防员"。

骑凤仙人是小分队的"队长"，据说原型是战国时期齐国的皇帝。在一次战争中，他被敌人追杀，走投无路，骑上一只大鸟脱离了危险。人们把他放在脊端，寓意逢凶化吉。

龙、凤和狮子是古代瑞兽。龙是皇帝的化身。凤是百鸟之王，寓意吉祥的神鸟，也经常用来象征皇后。狮子威武而英勇，用来镇守宫殿。

天马和海马模样差不多，但是天马多了一双腾云驾雾的翅膀，它们两个，一个能上天，一个能入海，分别是守卫皇宫的"天空战神"和"海中战神"。押鱼，是鱼和兽结合的猛兽，长着一条长长的鱼尾巴，是龙的儿子，也是小分队里尽职尽责的"消防员"。狻猊也是龙生九子之一，传说是和狮子同样威猛的怪兽。獬豸头顶独角，公正严明，是正义的化身，能分辨是非曲直，寓意护卫皇宫。斗牛是牛头龙身，是传说中祛除灾祸的祥瑞之兽，寓意镇火。

最后一个行什长得很像猴子，背上却有一对翅膀，它手持金刚宝杵，寓意着防雷电。人们希望有了它的保护，太和殿就能免遭雷击。

那么，除了以上这些美好寓意，"怪兽小分队"有没有实际功能呢？

答案是它们有着非常实用的功能。中国古代大殿的屋顶都是由琉璃构件组成的，中间低，两边高，有一定坡度。为了防止琉璃构件下滑，需要用特制的长钉把它们钉在下面的木构件上，在长钉上面罩上陶瓷制作的走兽，就不会被雨水侵蚀而造成渗漏了。

国宝档案

故宫太和殿屋脊兽

年代：清朝太和殿重建时烧制（公元 1695—1697 年）
材质：瓷
收藏地：故宫博物院

"正吻"驻扎的地方，正是太和殿正脊两端和垂脊的交汇处。下雨的时候雨水很容易从交汇点的缝隙渗入，两个相对的正吻可以严密封固屋脊。而且正吻是用不易燃的琉璃瓦件制作的，万一雷电击中大殿，也会防止下方木制大殿的燃烧。正吻的"舌头"里面，还藏着一根细细的铁丝，直通地下，如果遇到雷电，电流会沿着铁丝引至地底，就不会损坏房子啦，这可是古代的"避雷针"呢！

骑凤仙人固定住了垂脊下端的第一块瓦件。他率领的"怪兽小分队"则是辅助固定建筑的"钉帽"，深藏在它们身体里的长钉，保护了整座大殿的牢固和安全。"以兽镇脊"不但美观，还可以避火消灾、防止雨水渗漏，是中国古代建筑智慧的结晶！

垂兽　　行什　　斗牛　　獬豸　　狻猊　　押鱼

躲在屋檐下的"小哨兵"

故宫里怪兽无所不在,不但屋顶有"怪兽小分队",屋檐下还守着龙的儿子"嘲风"。

传说嘲风是龙的第三个儿子,有着龙的头、兽的身体、老虎的腿脚和爪子,自带火焰和浮云,非常威风,也是象征祥瑞的神兽。

虽然嘲风身形小,却比"龙爸爸"更加灵活,它很喜欢冒险,哪里危险就去哪里,还特别喜欢爬上屋顶张望。于是,人们就让它躲在故宫宫殿大屋檐下的隐秘位置,为皇帝观察来来往往的臣子,防备伺机挑衅的恶魔。

海马　　天马　　狮子　　凤　　　龙　　　骑凤仙人

后记

亲爱的读者朋友，当你看完这本书的时候，是不是感觉国家宝藏都有一肚子的故事和秘密呢？

你感兴趣的那些问题，找到答案了没有？

如果你找到了答案，那么祝贺你有了新收获，你和怪兽朋友们在这里相遇后，准确接收到了它带来的远古信息。

这些国家宝藏穿越漫长的历史时光，它们的秘密还远远不止这些。相信你看了这本书之后，会提出更多更有趣的问题，连接起千百年的岁月，开启更美好的未来。

也许，下一个讲述国家宝藏故事的人，就是你呢！